AUF DER BAUSTELLE GEHT'S RUND

Was es zu entdecken gibt

VORWORT

Die Menschen leben in großen Häusern, fahren mit ihren
Autos über große Schnellstraßen, über hohe Brücken und
durch lange Tunnel. Überall auf der Welt findet man große,
beeindruckende Bauwerke. Aber wie entstehen sie? Welche
Maschinen braucht man, um ein Haus zu bauen? Und wie
kommt das riesige Loch für den Tunnel in den Berg?

Die Antworten auf solch spannende Fragen findest du in
diesem Buch. Außerdem erfährst du alles, was du über die
verschiedenen Baustellen wissen möchtest. Sieh den Bauarbeitern zu, wie sie das Fundament für ein Haus herstellen,
schau dir die einzelnen Teile eines Krans an und lerne, woraus
Beton gemischt wird. Oder staune über die größten Gebäude
der Welt und die ungewöhnlichste Baustelle. Es gibt viel Auf-
regendes zu entdecken!

Hallo, ich bin Lukas.
Ich begleite dich durch
dieses Buch und werde
dir viele interessante
Dinge erzählen!

INHALT

DER HAUSBAU

Die ersten Unterkünfte der Menschen waren Höhlen. Während der Steinzeit lernten die Menschen, Werkzeuge herzustellen. Mit deren Hilfe konnten sie sich Behausungen bauen, die vor Wind und Wetter schützten. Im Laufe der Zeit entstanden Hütten und später einfache Häuser. Sie wurden zuerst aus Zweigen und Ästen, dann aus Holz und Lehm und noch später aus Stein hergestellt. Wie ein Haus heute gebaut wird, erfährst du auf den nächsten Seiten.

Das Tipi
Die Indianer in Nordamerika lebten früher in Tipis. Diese bestanden aus zusammengebundenen Stöcken und einer Plane aus Bisonleder. Darin konnten bis zu 7 Personen wohnen.

Die Jurte
Das traditionelle Zelt der Nomaden ist die Jurte. In der Mongolei und in Kasachstan wird diese Art von Haus noch immer genutzt. Es ist gut isoliert und hat sogar eine richtige Tür und eine Feuerstelle.

Das Fachwerkhaus

Bereits im frühen Mittelalter wurden Häuser aus Holz, Lehm und Stroh gebaut. Fachwerkhäuser sind sehr stabil. Man findet sie heute noch häufig in Städten und Dörfern. Sie sind oft mit Schnitzereien oder Malerei verziert.

Der Iglu

In einem solchen Schneehaus wohnten die Inuit in Alaska, Kanada und Grönland. Die „Steine" für den Iglubau werden in großen Blöcken aus dem Schnee geschnitten. Die Iglus dienen heute meist nur noch als vorübergehende Unterkunft bei Jagdausflügen.

Wusstest du schon, dass die Inuit-Kinder im Unterricht lernen, wie man einen Iglu baut?

DAS HAUS PLANEN

Früher hatten die Menschen einfache Unterkünfte, die sie nur mit ihren Händen und einfachem Werkzeug errichteten. Dafür brauchten sie keine Pläne. Heute ist das ganz anders. Die Häuser sind viel größer und komplizierter. Deshalb muss erst alles genau geplant werden, bevor mit dem Hausbau begonnen werden kann.

Der Architekt

Er plant das Haus nach den Wünschen und Bedürfnissen der Bauleute. Dies kann z. B. eine Familie sein, dann muss die Anzahl der Kinderzimmer berücksichtigt werden. Oder es handelt sich bei den Bauherren um eine große Firma, die eine bestimmte Anzahl an Büroräumen benötigt.

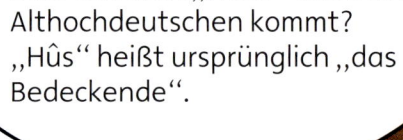

Wusstest du schon, dass das Wort „Haus" aus dem Althochdeutschen kommt? „Hûs" heißt ursprünglich „das Bedeckende".

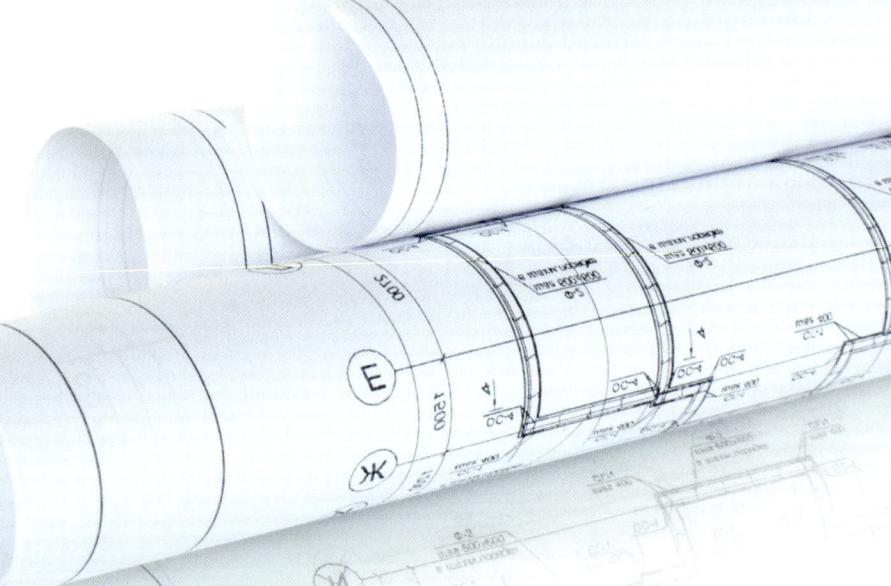

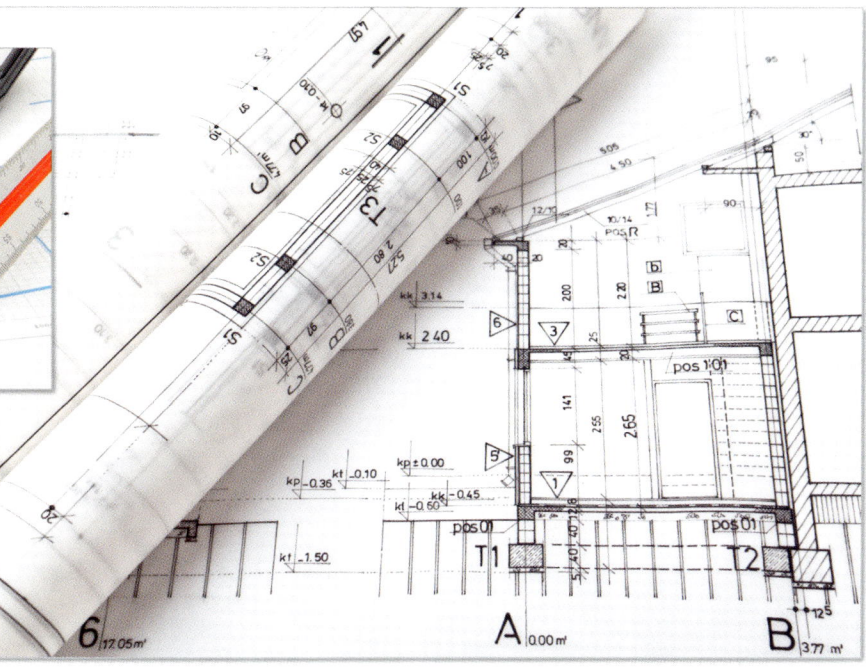

Die Zeichengeräte

Um den Bauplan zu zeichnen, benötigt der Architekt einen Taschenrechner, einen Zirkel, ein Lineal und natürlich Stifte. Heutzutage wird der Bauplan aber meistens am Computer erstellt.

Der Bauplan

Der Architekt zeichnet einen Bauplan vom Haus. Darauf sieht man die einzelnen Etagen und Räume. Meistens muss er mehrere Entwürfe anfertigen. Wenn der Bauplan fertig ist, muss er vom Bauamt der Stadt genehmigt werden. Erst dann kann mit dem Hausbau begonnen werden.

Das Modell

Nach dem Plan baut der Architekt ein Modell, das so aussieht, wie später das richtige Haus aussehen soll. Er kann sogar die einzelnen Stockwerke anfertigen und die Zimmer einteilen. Durch das Modell können sich die Bauherren und die Bauarbeiter alles schon einmal genauer vorstellen.

DIE GRUBE AUSHEBEN

Wenn das Haus geplant und der Bauplan genehmigt worden ist, können auf dem Grundstück die Bauarbeiten beginnen. Zuerst wird das Grundstück ausgemessen und die Baugrube abgesteckt. Diese Tätigkeit wird von sogenannten Vermessern ausgeübt. Dann können die Bauarbeiter mit ihren großen Maschinen kommen und mit dem Baggern beginnen.

Der Bagger

Für alle Arbeiten, die mit Erde oder Sand zu tun haben, benötigt man einen Bagger. Der Baggerführer muss sehr geschickt sein, um die Schaufel richtig zu bedienen. Ansonsten kann es passieren, dass er mit der Schaufel Stromkabel oder Wasserleitungen beschädigt.

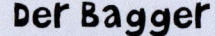

Die Baugrube

Mit dem Bagger wird die Baugrube ausgehoben. Hier entsteht dann der Keller. Die Grube wird immer etwas breiter ausgehoben als nötig, damit die Bauarbeiter später auch von außen an den Mauern arbeiten können. Die Muttererde, also die oberste Erdschicht, kann man gut für den Garten verwenden. Ein Teil des Aushubs wird später zum Auffüllen rund um das Fundament benötigt.

Der Abtransport von Erde

Die restliche Erde wird auf einen Kipplaster geladen und abtransportiert. Wenn der Kipplaster die Ladefläche abkippt, rutscht die Erde einfach herunter.

Die Rohre verlegen

Wenn die Baugrube ausgehoben ist, verlegen die Arbeiter die Abflussrohre in den Boden. Durch diese Rohre fließt später das Abwasser.

Wusstest du schon, dass der größte Bagger ein Schaufelradbagger ist? Er wiegt über 14 Tonnen, ist 96 Meter hoch und 225 Meter lang.

DAS FUNDAMENT

Nachdem die Baugrube ausgehoben ist, wird sie rundherum mit Holzbrettern ausgelegt. Dann wird das Fundament, der Übergang vom Erdboden zum Bauwerk, aus Beton gegossen. Denn jedes Haus muss auf einem festen Betonsockel stehen, weil es sonst einstürzen kann.

Die Armierung

Zuerst wird eine Schicht aus Kies in der Grube verteilt. Darüber kommt ein Metallgitter. Das Gitter macht den Beton stabiler und länger haltbar.

Wusstest du schon,
dass Beton eine Mischung aus Sand, Wasser und Zement ist? Zuerst vermischt man Sand und Zement miteinander und gibt dann Wasser hinzu.

Der Betonmischer

Der flüssige Beton befindet sich in der großen Trommel. Diese Trommel dreht sich auch beim Fahren weiter, damit der Beton gut durchgemischt auf der Baustelle ankommt.

Die Betonpumpe

Über einen langen Schlauch wird der Beton in die Baugrube gepumpt und dort verteilt.

Die Betonbombe

Dieses Baugerät sieht aus wie ein riesiger Trichter. Damit kann der Beton ganz leicht über die komplette Bodenfläche verteilt werden.

Der Glätter

Der Arbeiter verteilt den Beton gleichmäßig mit dem Glätter, damit auf der Oberfläche des Fundaments keine Unebenheiten entstehen.

DIE VERSCHIEDENEN WERKZEUGE

Auf einer Baustelle arbeiten verschiedene Handwerker: der Maurer, der Zimmermann, der Elektriker, der Installateur, der Maler. Jeder von ihnen benötigt spezielles Werkzeug, um seine speziellen Arbeiten zu verrichten. Die hier abgebildeten Werkzeuge findet man auf jeder Baustelle.

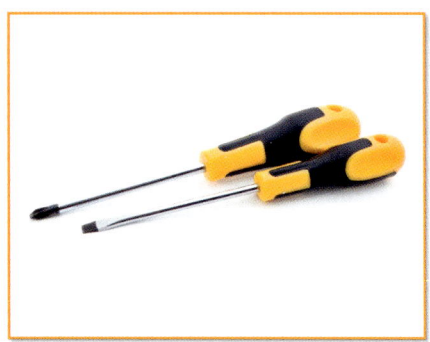
Der Schraubendreher

Die Zange

Der Schraubenschlüssel

Die Wasserwaage

Wusstest du schon, dass die ersten Werkzeuge vor ungefähr 2,4 Millionen Jahren hergestellt wurden? Die Menschen bauten in der Steinzeit einfache Werkzeuge aus Ästen und Steinen.

Die Maurerkelle

Der Zollstock

Die Bohrmaschine

Der Gummihammer

Der Latthammer

Die Malerrolle

Der Pinsel

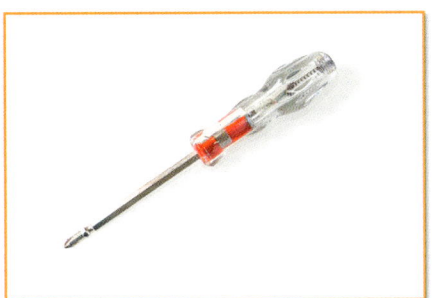

Der Spannungsprüfer

DER KRAN

Auf einer Baustelle werden viele große Baumaschinen benötigt. Der Kran kommt vor allem auf großen Baustellen, aber auch beim Hausbau zum Einsatz. Dort wird er vor dem Mauern eines Hauses aufgestellt, damit er die schweren Mauersteine oder Balken hochheben kann.

Das Führerhaus

Der Kranführer sitzt im Führerhaus und muss besonders schwindelfrei sein, denn der Turm ist über 30 Meter hoch. Über viele Stufen einer Eisentreppe klettert er in die Kabine. Von hier aus steuert er den Kran mithilfe eines Joysticks. Der Kranführer muss sehr geschickt sein und gute Augen haben, damit er die schweren Lasten an die richtige Stelle befördert.

Die Teile des Krans:

1. Laufkatze: Dieses Bauteil aus Eisen läuft auf Rollen am Ausleger entlang. Es dient dazu, die Lage des Hubseils zu verändern.

2. Hakenflasche mit Haken: Die Baumaterialien werden an den Haken gehängt und hochgezogen.

3. Ausleger: Mit über 40 Metern Länge ist der Ausleger viel länger als der Gegenausleger.

4. Gegenausleger: An dem Gegenausleger sind Betonplatten angebracht. Sie bilden das Gegengewicht zum Ausleger, an dem die Last hängt. Ohne diese Gegengewichte könnten nur leichte Lasten bewegt werden, da der Kran sonst umkippen würde.

Wusstest du schon, dass der Kran seinen Namen dem Kranich verdanken soll? Eine gewisse Ähnlichkeit besteht ja: Die Verbindung zwischen Turm und Ausleger erinnert an den Kopf und den Hals des Vogels.

5 Betongewichte: Unten am Kran sind Betongewichte befestigt, damit der Kran nicht umfällt.

DIE VERSCHIEDENEN KRÄNE

Es gibt viele verschiedene Arten von Kränen, die unterschiedliche Funktionen haben. So werden Kräne beim Bau von Brücken benötigt, am Hafen und auf Gewässern eingesetzt und beim Bau von großen Hallen und Hochhäusern verwendet.

Die Verladebrücke
Am Hafen wird für das Verladen von Containern auch eine Verladebrücke verwendet, die sich aus mehreren Portalkränen zusammensetzt.

Der Portalkran
Dieser Kran steht immer an derselben Stelle. Er wird meistens an Häfen eingesetzt, um Schiffe mit Containern zu be- oder entladen. Er fährt auf Schienen und ist so gebaut, dass man unter ihm hindurchlaufen kann.

Der Autokran
Dieser Kran ist auf ein Fahrzeug montiert und kann so zu wechselnden Einsatzorten gebracht werden. Das ist vor allem dort praktisch, wo für einen feststehenden Kran kein Platz ist, z. B. in engen Straßen.

Wusstest du schon, dass der Kran bereits in der Antike erfunden wurde? Die Griechen bauten im 6. Jahrhundert v. Chr. ein ähnliches Gerät zum Heben schwerer Lasten.

Der Schwimmkran

Dieser Kran ist fest auf einem Arbeitsschiff montiert und kommt auf Flüssen und Kanälen zum Einsatz. Der Schwimmkran wird verwendet, um gesunkene Schiffe zu bergen oder schwere Bauteile zu transportieren.

Der Säulendrehkran

Er wird fest auf dem Boden verankert. Säulendrehkräne werden häufig an Arbeitsplätzen eingesetzt, wo für die Produktion bestimmter Produkte, z. B. Autos, schwere Materialien benötigt werden. Ein Säulendrehkran entlastet die dort arbeitenden Menschen, indem er die schweren Lasten an den richtigen Platz hebt.

DAS HAUS MAUERN

Sobald das Fundament fertig ist, werden die Wände des Hauses gemauert. Die Maurer kommen und setzen Stein für Stein aufeinander, bis die einzelnen Mauern fertig sind. Im Bauplan ist festgelegt, wie die Wände aufgebaut werden müssen. Der Maurer weiß also ganz genau, wo er Lücken lassen muss für Fenster und Türen.

Wusstest du schon, dass der Mauerstein innen Hohlräume hat? Die darin eingeschlossene Luft hält die Kälte von außen ab.

Die Wasserwaage und der Gummihammer

Mit dem Gummihammer klopft der Maurer die aufeinandergesetzten Steine fest. Dann prüft er mit der Wasserwaage, ob auch alles gerade ist. Wenn sich die Luftblase zwischen den beiden Strichen, also genau in der Mitte, befindet, ist die Mauer gerade.

Der Zementmischer

Die Maurer benötigen Mörtel, um die einzelnen Mauersteine miteinander zu verbinden. Denn sonst hält die Mauer nicht. Im Zementmischer wird der Mörtel hergestellt. Dafür werden Zement, Sand und Wasser miteinander vermischt.

Stein auf Stein

Zuerst spannt der Maurer eine Schnur, an welcher die Steine ausgerichtet werden. Denn eine Mauer muss stabil und gerade sein. Im nächsten Schritt setzt er Stein für Stein aneinander. Mit der Maurerkelle trägt er den Mörtel zwischen die Steine und auf die Flächen auf. Die Steine werden um einen halben Stein versetzt übereinander angeordnet. Dadurch bekommt die Wand mehr Halt.

Die Steinsäge

Die Steinsäge ist für den Maurer eine sehr wichtige Maschine. Mit ihrer Hilfe kann er die Steine so zuschneiden, wie er sie braucht.

DAS DACH DECKEN

Nachdem der Rohbau fertig ist, kommen die Zimmerleute und die Dachdecker. Sie sind für alle Aufgaben rund um das Dach verantwortlich: den Dachstuhl bauen, das Dach mit Ziegeln decken und dämmen, Dachfenster einbauen oder Solarzellen auf dem Dach anbringen. Aber vorher muss noch das Gerüst gestellt werden – dann kann es losgehen!

Das Richtfest

Wenn der Dachstuhl fertig ist, wird nach einem alten Brauch das Richtfest gefeiert. Auf dem Dach wird ein Richtkranz angebracht. Ein Zimmermann hält eine Rede, den Richtspruch, der dem Bauherrn viel Glück im neuen Haus bringen soll. Danach feiert der Bauherr mit Bauarbeitern, Architekten, Familie und Freunden ein großes Fest.

Der Dachstuhl

Die Zimmerleute zimmern aus langen Holzbalken das Gerüst des Daches, das man Dachstuhl nennt. Dieser Dachstuhl sitzt auf den Wänden des Hauses.

Das Dach decken

Zuerst bringen die Dachdecker eine Folie auf dem Dachstuhl an. Darauf werden die Dachlatten genagelt. Dann legt man die Ziegel darauf. Sie werden von den Dachlatten gehalten und können nicht herunterrutschen. Die Dachdecker legen die Ziegel der Reihe nach von rechts nach links und von unten nach oben. Die Ziegel müssen immer leicht übereinander liegen, damit das Wasser abläuft und es nicht in das Haus hineinregnet.

Die Solarzellen

Die Dachdecker bringen auch die Solarzellen auf dem Dach an. Eine Solaranlage wandelt Sonnenlicht in elektrische Energie um. Der Strom wird so aus natürlichen Quellen gewonnen und die Umwelt wird dadurch geschont.

Wusstest du schon, dass in der Mineralwolle, mit der ein Dach gedämmt wird, alte Flaschen verarbeitet werden?

Der Dachdecker

Für diesen Beruf muss man unbedingt schwindelfrei sein! Schaut man den Dachdeckern beim Arbeiten zu, sieht man oft, wie sie sich die einzelnen Ziegel zuwerfen.

DER INNENAUSBAU

Das Haus mit den rohen Wänden und Decken steht. Jetzt werden für den Innenausbau verschiedene Handwerker benötigt. Denn es gibt noch viel zu tun: Rohre für das Wasser und Kabel für den Strom müssen verlegt werden, die Wände müssen verputzt und tapeziert werden, Fliesen müssen gelegt werden … Und dann können die Bauleute endlich einziehen!

Der Elektriker

Im ganzen Haus verlegt der Elektriker die Stromleitungen und baut Steckdosen und Lichtschalter in die Wände ein. Er muss dabei besonders vorsichtig sein, weil die Arbeit mit Strom sehr gefährlich ist. Zu seinen Werkzeugen gehören eine Bohrmaschine, eine Zange, ein Schraubendreher und ein Spannungsprüfer.

Der Fliesenleger

Im Bad, in der Küche und auch in anderen Räumen verlegt der Fliesenleger Platten, Kacheln oder Fliesen. Für seine Arbeit benötigt er eine Bohrmaschine mit Aufsatz, um den Mörtel anzurühren, eine Spachtel und eine Wasserwaage.

Der Verputzer

Bevor die Wände im Haus tapeziert oder gestrichen werden können, müssen sie verputzt werden. Erst wenn die Wände eine glatte Oberfläche haben, können die Maler loslegen.

Der Maler

Zum Streichen benötigt der Maler Farbe, Pinsel, ein Abstreifgitter und eine Farbrolle. Er streicht die Wände und Decken in den Farben, wie sie der Bauherr gerne hätte. Das Tapezieren gehört auch zu seinen Aufgaben.

Wusstest du schon, dass man viel Wasser sparen kann, wenn man den Hahn beim Händewaschen oder Duschen zwischendurch zudreht? So sparst du pro Minute mehr als 10 Liter!

Der Installateur

Die Installateure verlegen Rohre für Wasser und Heizung und montieren Waschbecken, Toiletten, Badewannen und Heizkörper.

DER STRASSENBAU

Straßen verbinden Dörfer und Städte auf der ganzen Welt. Schon die ersten Menschen haben sich Wege durch die Wildnis gebahnt. Die Römer begannen, mit großen Steinen Straßen durch ihr Reich zu bauen. Zu Beginn des Mittelalters wurden diese Straßen aber nicht ausgebaut oder verbessert. Deshalb waren sie in einem schlechten Zustand und hatten viele und große Löcher. Erst als im Laufe der Zeit die Städte immer größer wurden, bauten die Menschen auch die Straßen weiter aus. Mit der Erfindung des Autos entstanden immer bessere Straßen aus Asphalt oder Beton.

Die Autobahn

Die erste Autobahn wurde vor ca. 80 Jahren gebaut und war nur 20 Kilometer lang. Heute führen mehrspurige Autobahnen quer durchs Land. Fahrzeuge dürfen nur dann auf der Autobahn fahren, wenn sie schneller als 60 km/h sind.

Wusstest du schon, dass sich die breiteste Straße der Welt in Argentiniens Hauptstadt Buenos Aires befindet? Sie ist 140 Meter breit und hat 20 Fahrspuren!

Das Kopfsteinpflaster

Die Römer brachten die Kunst des Straßenbaus auch zu uns. Mit großen Pflastersteinen wurden vor allem Marktplätze und Handelswege befestigt. Heute wird meist der billigere Asphalt verwendet. Es gibt aber noch viele Orte mit Kopfsteinpflasterstraßen.

Der Fahrradweg

Damit Radfahrer nicht zusammen mit den schnellen Autos auf der Straße fahren müssen, werden Radwege gebaut. Es gibt sie in den Städten, aber auch als Tourenradwege quer durch das Land.

Rödental-Nord
Schalkau

4

100 m

DIE SICHERHEIT

Die Arbeit auf einer Baustelle kann sehr gefährlich sein. Die Arbeiter fahren mit großen Maschinen, bewegen schwere Rohre oder Bretter und arbeiten dort, wo viel Verkehr ist und wo es laut ist. Deshalb ist es wichtig, die Baustelle richtig abzusichern und Schutzkleidung zu tragen, damit den Arbeitern nichts passiert.

Leitkegel

Dieser Kegel wird als Absperrung auf Straßen und zur Warnung eingesetzt. Mit den Leitkegeln kann auch die Führung des Verkehrs verändert werden.

Absperrung und Warnbake

Mit einer Absperrung (links) wird die Baustelle gesichert. Der abgesperrte Bereich darf nur von Arbeitern betreten werden. Die Warnbake (rechts) ist ein Signalschild und warnt die Autofahrer vor der Gefahrenstelle.

Schutzhelm und Schutzbrille

Damit der Kopf nicht verletzt wird, muss ein Helm getragen werden. Nicht nur die Arbeiter, sondern jeder, der sich auf der Baustelle befindet, muss ihn tragen, auch der Architekt oder der Bauherr. Eine Schutzbrille muss bei Tätigkeiten aufgesetzt werden, bei denen Splitter, Späne und Flüssigkeiten das Auge schädigen könnten.

Wusstest du schon, dass über 230 000 Kilometer Straße die Dörfer und Städte in Deutschland miteinander verbinden?

Gehörschutz

Damit die Ohren durch laute Geräusche nicht geschädigt werden, sollte immer ein Gehörschutz getragen werden.

Sicherheitsschuhe

Auf der Baustelle müssen die Arbeiter spezielle Sicherheitsschuhe anziehen. Sie haben eine verstärkte Kappe und schützen die Füße, falls ein schwerer Gegenstand auf sie fällt.

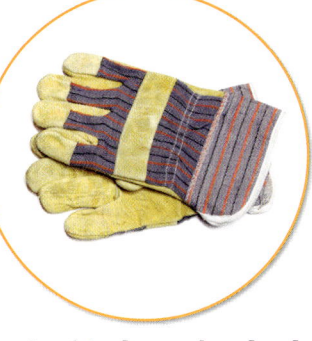

Arbeitshandschuhe

Beim Tragen schwerer, spitzer oder scharfer Baumaterialien ist es immer wichtig, Handschuhe zu tragen. Sie schützen vor Verletzungen.

DIE BAUSTELLENSCHILDER

Eine Baustelle muss immer richtig abgesichert und beschildert sein. Eine große Anzahl an Schildern warnt die Verkehrsteilnehmer rechtzeitig vor der Gefahr. Fahrbare Baustellenschilder sind sehr wichtig, um den Verkehr rund um die Baustelle zu regeln.

Betreten der Baustelle verboten
Niemand, dem es nicht erlaubt ist, darf die Baustelle betreten. Das Schild weist Eltern darauf hin, in diesem Bereich besonders auf ihre Kinder aufzupassen.

Vorsicht Baustelle!
Das Schild warnt die Verkehrsteilnehmer und fordert sie auf, besonders vorsichtig zu sein. Gleichzeitig weist das Zusatzschild darauf hin, dass hier Baustellenfahrzeuge ein- und ausfahren.

Baustelleninformationsschild
Hier wird der Autofahrer darüber informiert, wie lang die Baustelle ist. Manchmal steht hier auch, wie lange sie dauert, also z. B. bis April 2014.

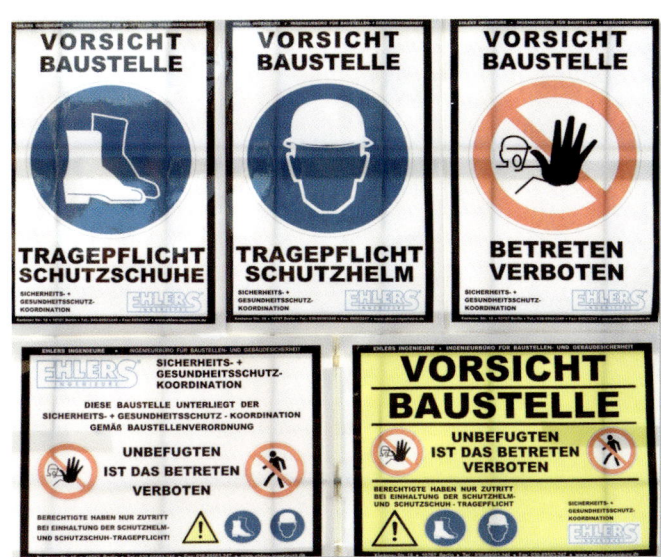

Hinweisschilder auf der Baustelle

Diese Schilder geben spezielle Hinweise auf Sicherheitsvorschriften, wie z. B. Schutzschuhe und Helme tragen oder Betreten der Baustelle verboten.

Baustellen-Smileys

Seit einiger Zeit sieht man immer häufiger diese Smileys an den Autobahnen. Sie beschildern eine Dauerbaustelle. Das rote Smiley zeigt, wie viele Kilometer die Baustelle noch lang ist. Das grüne zeigt an, dass man es geschafft hat.

Fahrbare Absperrtafel

Wenn ein Fahrstreifen gesperrt ist, müssen die Autofahrer auf die andere Spur umgeleitet werden. Auch muss rechtzeitig die Geschwindigkeit gedrosselt werden. Darauf weist diese Absperrtafel hin.

> Wusstest du schon, dass es in Deutschland mehr als 20 Millionen Verkehrsschilder gibt?

DIE STRASSE VORBEREITEN

Beim Straßenbau sind eine Menge großer Maschinen im Einsatz. Doch bevor die Bagger, Lkws, Straßenfertiger und Walzen mit dem Bau der Straße beginnen können, muss das Gelände vermessen und planiert werden.

Die Erde abtragen

Die Bagger heben den Boden aus. Dabei wird viel Erde ausgebaggert. Diese Erde wird zum Bau von Lärmschutzwällen benutzt oder von Kippladern abtransportiert. Dazu hebt der Bagger die Erde auf die Ladefläche. Zum Ausladen wird die Ladefläche nach oben gefahren und die Erde rutscht hinten aus der Klappe.

Wusstest du schon, dass die ersten Wege nicht von Menschen gebaut wurden? Es waren die Trampelpfade der Tiere, auf denen die ersten Menschen liefen.

Der Vermessungstechniker

Eine Straße sollte gerade sein und keine unnötigen Steigungen haben. Damit die Straße später gut zu befahren ist, kommt der Vermessungstechniker mit einer Messlatte und einem verstellbaren Messgerät. Er berechnet ganz genau, an welchen Stellen Erde abgetragen oder aufgefüllt werden muss.

Die Rohre verlegen

Jetzt verlegen die Arbeiter Wasserrohre in den Boden. Durch die Rohre fließt das Regenwasser in ein Auffangbecken. Von dort wird es in Flüsse und Seen weitergeleitet. Dann werden die Rohre mit Schotter zugeschüttet. Die Bauarbeiter fahren mit Walzen und Rüttlern über die Schotterschicht, damit die Steine fest zusammengedrückt werden und der Boden fester und stabiler wird.

DIE STRASSE TEEREN

Sobald die Bauarbeiter mit den Erdarbeiten fertig sind, die Rohre verlegt sind und der Schotter verteilt wurde, wird die Fahrbahndecke aus Asphalt aufgebracht. Nicht nur beim Straßenbau wird Asphalt verwendet, sondern auch als Belag für Flughäfen, Parkplätze oder Rennstrecken.

Der Asphalt kommt
Ein Kipplaster bringt den heißen Asphalt. Er ist eine Mischung aus Bitumen, Sand und Kies. Bitumen ist ein schwarzes, klebriges Gemisch aus Erdöl. Der Asphalt wird in mehreren Schichten aufgetragen: die Tragschicht, die Binderschicht und die Deckschicht.

Der Straßenfertiger
Der Kipplaster kippt den Asphalt auf den Straßenfertiger. Dieser fährt ganz langsam vorwärts und verteilt den Asphalt auf dem Boden. Der Belag wird mit einem breiten Metallbalken zusammengepresst und geglättet.

Die Walze

Hinter dem Straßenfertiger fährt eine Walze her, um den Asphalt zu verdichten. Sie streut zusätzlich noch Splitt auf den Belag. Das sind kleine Steinchen, die dafür sorgen, dass die Autoreifen auf der neuen Straße besser haften.

Wusstest du schon, dass im Jahr 1838 in Deutschland die erste Straße asphaltiert wurde? Es war der Jungfernstieg in der Hamburger Innenstadt.

Die Fahrbahnmarkierung

Zum Schluss, wenn der Straßenbelag fertig ist, muss in der Mitte der Straße und am Rand noch die weiße Fahrbahnmarkierung angebracht werden. Diese ist sehr wichtig, denn so kann sich der Autofahrer besser orientieren.

DER BRÜCKENBAU

Brücken verbinden Orte, zwischen denen ein Fluss oder ein tiefes Tal liegt. Ohne eine Brücke wäre es besonders schwer, von einem Ort zum anderen zu kommen. Die ersten Brücken waren aus Holz und Ochsenkarren konnten ohne Probleme darüberfahren. Mit der Zeit bauten die Menschen robustere Brücken aus Stein. Im 18. Jahrhundert baute man die Brücken dann aus Gusseisen. Sie waren noch stabiler und konnten mehr Gewicht tragen, z. B. Autos. Heute sind die meisten Brücken aus Beton.

Die Hängebrücke

Die Fahrbahn einer Hängebrücke wird von dicken Stahlseilen gehalten. Die Pfeiler heißen Pylone. Sie stehen in großen Abständen auseinander, manchmal bis zu 1000 Meter. Mit einer Hängebrücke kann man sehr große Entfernungen überbrücken.

> **Wusstest du schon,** dass es in Deutschland verboten ist, im Gleichschritt über eine Brücke zu marschieren? Die entstehenden Schwingungen könnten sie einstürzen lassen.

Die Balkenbrücke

Die Abstände zwischen den Pfeilern sind bei einer Balkenbrücke kleiner. Die Fahrbahn wird von mehreren Pfeilern abgestützt und liegt wie ein Balken auf den Stützpfeilern. Die meisten Autobahnbrücken sind Balkenbrücken.

Die Bogenbrücke

Eine der ältesten Brückenkonstruktionen ist die Bogenbrücke. Die Last, welche die Fahrbahn tragen muss, wird auf die Bogen verteilt. Deshalb stehen die Pfeiler weiter auseinander.

WIE BAUT MAN EINE BRÜCKE?

Bevor eine Brücke gebaut wird, müssen die Bauingenieure die Konstruktion der Brücke genau berechnen. Sie legen fest, wo jeder einzelne Pfeiler stehen soll, denn diese müssen das Gewicht der Fahrbahn tragen. Eine Brücke muss sehr große Belastungen aushalten und auch für schwere Fahrzeuge befahrbar sein.

Das Taktschiebeverfahren

Die Fahrbahn einer Brücke wird nicht in einem Stück gefertigt, sie setzt sich aus mehreren Teilen zusammen. An der Stelle, wo die Brücke beginnt, gießen die Bauarbeiter einzelne Platten aus Beton. Für diese Arbeit gibt es eine spezielle Gießform aus Holz. Im Inneren der Form wird ein Gerüst aus Stahlstreben verlegt, um den Beton noch zusätzlich zu verstärken. Wenn eine Platte fertig ist, wird sie nach vorne auf die Brückenpfeiler geschoben. Dann wird die nächste Platte gegossen und wieder nachgeschoben. Dies macht man solange, bis die Brücke fertig ist. Diesen Vorgang nennt man Taktschiebeverfahren.

Die Pfeiler

Zuerst müssen die Bauarbeiter die Pfeiler aus flüssigem Beton in einer Gießform aus Metall oder Holz gießen. Die Pfeiler tragen fast das ganze Gewicht der Brücke und müssen deshalb tief im Boden verankert sein.

Wusstest du schon, dass die Drachenschwanzbrücke in Thüringen die längste Holzbrücke in Europa ist? Sie ist 225 Meter lang. Wegen ihres wellenförmigen Verlaufs erinnert sie an einen Drachenschwanz.

Brücken aus Stahl

Eine Brücke aus Stahl wird nach demselben System gebaut. Nach und nach werden die einzelnen Stahlträger mit dem Kran hochgehoben und eingebaut.

DER TUNNELBAU

Es ist schwierig, im Gebirge eine Straße oder Eisenbahnlinie zu bauen. Eine Straße über einen Berg wäre oft zu steil, zu kurvig und zu eng. Um diese Probleme zu umgehen, baut man Tunnel. Ein Tunnel ist der direkte und schnellste Weg, um von einer Seite des Berges auf die andere Seite zu gelangen. Aber nicht nur im Gebirge gibt es Tunnel, sondern auch in der Stadt. Früher benutzte man Sprengstoff, um große Löcher in den Berg zu sprengen. Heute bohrt man mit speziellen Tunnelbohrmaschinen durch den Berg.

Der U-Bahn-Tunnel

U-Bahnen sind ein häufiges Verkehrsmittel in Großstädten. Unter der Erde werden Tunnel gebaut und Schienen verlegt, auf denen die U-Bahnen fahren. So kann die U-Bahn Personen befördern, ohne vom Verkehr auf der Straße behindert zu werden.

Der Eisenbahntunnel
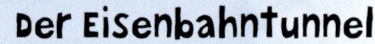

Auch für Eisenbahnen müssen Tunnel gebaut werden. Denn die Gleise für die Züge dürfen nicht zu steil ansteigen, weil der Zug sonst stehen bleibt.

Der Fußgängertunnel

Diese Tunnelart findet man vor allem in Städten. Unter viel befahrenen und breiten Straßen wird häufig eine Unterführung gebaut, damit die Fußgänger sicher auf die andere Straßenseite gelangen.

Wusstest du schon, dass ein Maulwurf in einer Nacht einen 100 Meter langen Tunnel graben kann? Eine große Tunnelbohrmaschine schafft nur ca. 40 Meter pro Tag!

Der Straßentunnel

Im Gebirge führen viele Straßen durch Tunnel. Diese haben entweder eine Röhre für beide Fahrtrichtungen oder zwei Röhren für jeweils eine. Besonders wichtig ist eine gute Lüftung, damit die giftigen Abgase abziehen können.

WIE ENTSTEHT EIN TUNNEL?

Der Bau eines Tunnels ist sehr schwierig, aber auch zugleich faszinierend. Bevor die Arbeiter mit den Bohrungen beginnen, müssen die Festigkeit des Gesteins und die Bodenbeschaffenheit genau untersucht werden. Bei einem modernen Tunnel werden Fluchtwege, Brandmeldeanlagen und Notausgänge mit eingeplant.

Die Tunnelbohrmaschine

Mithilfe einer riesigen Tunnelbohrmaschine wird die Tunnelröhre in den Berg gebohrt. Diese große Maschine ist mehr als 140 Meter lang und hat einen Durchmesser von ca. 12 Metern. Das ist ungefähr ist so groß wie ein Haus.

Die Bohrung

An einem Tag bohrt sich die Maschine bis zu 40 Meter weit in den Berg. Mit großer Kraft wird der Bohrkopf in den Felsen gedrückt. Er ist mit Stahlplatten in der Wand festgeklemmt, damit er nicht wegrutscht. Am Bohrkopf befinden sich Meißel aus Stahl, die das Gestein aus dem Fels herauslösen. Über Förderbänder im Inneren der Tunnelbohrmaschine gelangt das Gestein nach draußen. Von dort wird es auf Lkws geladen und abtransportiert.

Der Schalwagen

Zum Betonieren des Tunnels im Inneren benötigt man einen Schalwagen. Mit seiner Hilfe kann man eine Stahlbeton-Schalung herstellen. Eine Schalung ist eine Hohlform, die mit Beton ausgegossen wird.

Wusstest du schon,
dass es auch unter Wasser Tunnel gibt? Der Eurotunnel verbindet Frankreich und England unter dem Ärmelkanal. Er ist über 50 Kilometer lang und 38 Kilometer davon verlaufen unter dem Meer.

So sieht es im Inneren eines Tunnels aus, nachdem er betoniert wurde.

DIE GRÖSSTEN BAUWERKE

Auf der ganzen Welt gibt es Häuser, Straßen, Brücken und Tunnel. Doch wo befinden sich die größten und längsten von ihnen?

Wusstest du schon, dass die 10 höchsten Gebäude Deutschlands in Frankfurt stehen? Man nennt die Stadt auch „Mainhattan", weil die vielen Wolkenkratzer an Manhattan erinnern.

One World Trade Center

Mit 541,3 Metern Höhe ist dieser Wolkenkratzer das höchste Bürogebäude der Welt. Es steht in New York an der Stelle, wo bis 2001 das World Trade Center stand. Dieses war bei einem Terroranschlag zerstört worden.

Der Commerzbank Tower

Das höchste Gebäude in Deutschland ist der Commerzbank Tower in Frankfurt am Main. Er hat 56 Stockwerke und eine Höhe von 259 Metern.

Die Panamericana

Mit einer Länge von ca. 30 000 Kilometern ist die Panamericana die längste Straße der Welt. Sie verbindet Alaska mit dem südlichen Zipfel Argentiniens. Die Straße durchquert 17 Staaten.

Die Seidenstraße

Die Karawanenstraße ist der älteste Handelsweg der Welt. Sie verbindet China mit den Küsten des Mittelmeers. Händler, Forscher und Reisende nutzten die Seidenstraße. Sie ist nach dem damals wichtigsten Handelsgut Chinas, der Seide, benannt.

Die Danyang-Kunshan-Brücke

Dieses beeindruckende Bauwerk in Shanghai ist die längste Brücke der Welt. Sie ist 164 Kilometer lang. Auf ihr fahren Eisenbahnen von Peking nach Shanghai.

Die Akashi-Kaikyo-Brücke

Die längste Hängebrücke steht in Japan und ist fast 4 Kilometer lang. Die Pfeiler der Akashi-Kaikyo-Brücke stehen 1991 Meter auseinander. Das ist ein absoluter Rekord.

Der Gotthard-Tunnel

Mit 16,9 Kilometern ist der Gotthard-Tunnel der längste Straßentunnel in den Alpen und der Schweiz sowie der drittlängste Straßentunnel der Welt.

Der Lærdalstunnel

In Norwegen gibt es den längsten Straßentunnel der Welt. Der Lærdalstunnel ist 24,5 Kilometer lang und wurde im Jahr 2000 eingeweiht.

DIE SAGRADA FAMILIA

Die Sagrada Familia ist eine der berühmtesten Sehenswürdigkeiten Barcelonas und gleichzeitig die größte Kirchenbaustelle der Welt. Dieses Gebäude ist einfach nur beeindruckend und riesig. Die Kirche wird seit über 130 Jahren (seit 1882) gebaut und ist immer noch nicht fertig!

Der Innenraum

Die Säulen im Inneren der Kirche sehen aus wie Bäume aus Stein. Sie sind geneigt und am oberen Ende wie Äste verzweigt.

Der Bau

Die Kirche wird nach den Vorlagen des Architekten Antoni Gaudí gebaut. Die Sagrada Familia war sein letztes Werk. Er betreute den Bau, bis er 1926 starb. Das Ungewöhnliche an dieser Kirche ist, dass sie bis heute nicht fertig gebaut wurde. Seit 1952 bauen über 20 Baumeister an der Sagrada Familia weiter: Sie soll bis 2026 vollendet sein.

Die Finanzierung

Antoni Gaudí wollte eine Kirche für die Armen bauen. Deshalb wird der Bau nur aus Spenden finanziert. Noch heute werden Spenden gesammelt und Stiftungen gegründet, die den Weiterbau der Kirche ermöglichen. Auch die Eintrittsgelder der Besucher werden dafür verwendet.

DIE PYRAMIDEN

Pyramiden sind faszinierende und geheimnisvolle Bauwerke. Vor Tausenden von Jahren wurden sie in Ägypten alleine durch Menschenkraft gebaut.

Die Steine

Für den Bau der Pyramiden wurden die Steine mit einfachen Werkzeugen, wie Hammer und Meißel, aus dem Fels gehauen. Mithilfe von Rollen, Seilen und Muskelkraft zog man die schweren Steine bis in schwindelerregende Höhen.

Wusstest du schon, dass die Cheops-Pyramide mit 138 Metern die höchste Pyramide der Welt ist? Sie gehört zu den Pyramiden von Gizeh, eines der Weltwunder.

Bedeutung der Pyramiden

Die Pyramiden wurden als Grabstätte für die Pharaonen gebaut. So nannte man die ägyptischen Könige. Für die Königinnen wurden kleinere Pyramiden daneben gebaut, wie bei den Pyramiden von Gizeh. Die Djoser-Pyramide im Bild links ist die älteste Pyramide. Sie wurde vor ca. 4600 Jahren gebaut.

© 2013 design cat GmbH

Genehmigte Lizenzausgabe
EDITION XXL GmbH
Fränkisch-Crumbach 2013
www.edition-xxl.de

Idee & Projektleitung: Sonja Sammüller
Illustrationen: Miguel Epes und
design cat GmbH
Layout, Satz und Umschlaggestaltung:
design cat GmbH

ISBN (13)   978-3-89736-635-0
ISBN (10)   3-89736-635-5

Bildnachweis

picture-alliance: picture-alliance: Arco Images GmbH/Geduldig 10-11; Augenklick/
Bernhard Kunz 12-13, 13; Bildagentur-online 37; chromorange/Dieter Möbus 12, 13;
chromorange/Karl-Heinz Spremberg 28; chromorange/Renate Krafft 19; Design Pics/
Michael Interisano 6; dpa/Arno Burgi 41; dpa/Dirk Knofe 43; dpa/Horst Galuschka 31;
dpa/Jochen Lübke 31; dpa/Photoshot/Band Photo 45; dpa/Roland Weihrauch 35; dpa/
Rolf Haid 42-43; dpa/Soeren Stache 31; dpa/Tobias Pietsch 40; dpa/Uwe Zucchi 30;
dpa Themendienst/Britta Pedersen 21; dpa-Zentralbild/Bernd Wüstneck 39; dpa-
Zentralbild/Hendrik Schmidt 32; dpa-Zentralbild/Michael Reichel 38; Eibner-Pressefoto
38, 40; Imaginechina/Luo Chunxiao 45; Joker/Erich Häfele 23, 33; Keystone/epa Keys-
tone Mathhis 45; Keystone/Martin Ruetschi 43; Photoshot 43; Prismaarchivo 47; RIA
Novosti/Vitaliy Ankov 39; Robert Harding World Imagery/Mark Mawson 46; Scanpix/
Stein Bjorge 45; Sueddeutsche Zeitung Photo/Hess, Catherina 13; Ton Koene 6-7, 9;
Wildlife/W. Simlinger 37; www.bildagentur-online.com 11, 32; www.bildagentur-online.
com/yann guichaoua 46; ZB/Jens_Büttner 34; Zumapress.com/Bryan Smith 44
Shutterstock: alexwhite 22; Andresr 8; Andrey_Popov 8; Andrjuss 29; anekoho 18; Ari
N 16–17; Arthit Kaeoratanapattama 47; auremar 21, 25; Berents 15; Bernhard Richter
40–41; Bombaert Patrick 25; CandyBox Images 24, 33; Catalin Petolea 4–5; Christian
Lagerek 34; Claudio Divizia 30; Dalton Dingelstad Cover front; Dmitry Kalinovsky Cover
back, Poster, 13, 21, 25, 33; dragunov Poster; E.G.Pors Cover back, 19; EpicStockMedia
36–37; fluke samed 14; Franck Boston 9; Gajus 25; Garsya 15; Gavran333 14; Goodluz 8;
Gunnar Pippel 9; Harald Toepfer 44; haraldmuc 20; hidear 45; huyangshu 2–3; Ivan-
covlad 14; jan kranendonk 18; JP Chretien 24; kaarsten 30; Karlowac 29; Krivosheev
Vitaly 34; LianeM 21; linerpics 25; MAHATHIR MOHD YASIN 27; MC_Noppadol 15; mexrix
14; MichaelJayBerlin 15; microstocker 15; Mikhail Abramov 14; minik 20; monticello
27; Nagy-Bagoly Arpad 24; Nut Iamsupasit 16; Odua Images 15; Olinchuk 29; own-
way 18–19; PodPad 29; Potapov Alexander Poster; pryzmat 11; racorn 23; Robnroll 22;
roundstripe 28; sculpies 47; SeanPavonePhoto 16; Serg64 15; Shebeko 24; Stephen
Bonk 15; TRIG 35; TTphoto 7; urfin 8; Vadim Ratnikov Cover back; Val Thoermer 26–27;
vician 9; Volker Rauch 44; withGod 6; zcw 16; Zurijeta 17